Encuentro literario
Gata Cattana

Encuentro literario
Gata Cattana

ANA CRISTINA MÁRQUEZ MOYANO

UCOPress
Editorial Universidad de Córdoba

Encuentro literario Gata Cattana.– Córdoba: UCOPress. Editorial Universidad de Córdoba, 2025

17 x 24 cm, 64 pp., il. color.

THEMA: YPA, DCC

    Autora: Ana Cristina Márquez Moyano

Esta obra ha recibido el V Premio de Innovación Docente y Buenas Prácticas María Moliner, otorgado por la Cátedra de Estudios de las Mujeres Leonor de Guzmán y financiado por la Delegación de Igualdad de la Diputación de Córdoba.

© Edita: UCOPress. Editorial Universidad de Córdoba, 2025

    Campus Universitario de Rabanales

    Ctra. Nacional IV, Km 396. 14071 Córdoba (España)

    Tel.: (+34) 957 218 126

    https://ucopress.uco.es • ucopress@uco.es

ISBN: 978-84-9927-938-1

e-ISBN: 978-84-9927-939-8

DOI: https://doi.org/10.21071/000055

DL: CO 2287-2025

Esta editorial es miembro de la UNE, lo que garantiza la difusión y comercialización de sus publicaciones a nivel nacional e internacional.

Impresión: Gráficas La Paz

Impreso en papel ecológico

Índice

A la memoria vibrante de Gata Cattana,
que convirtió la palabra en filo
y la poesía en territorio de resistencia.

1. Descripción del centro educativo y del alumnado

El centro educativo

El CEIP Ramón y Cajal está situado en la localidad cordobesa de El Carpio, siendo este centro el único colegio existente en el pueblo. Consta de tres núcleos urbanos, El Carpio, Maruanas y San Antonio.

Ha sido un pueblo tradicionalmente agrícola, aunque, actualmente, ha pasado a diversificarse en otras actividades como son la industria y el sector servicios. Así, cabe mencionar la apuesta por las energías renovables, destacando la planta termosolar y la fábrica de Pastas Gallo, dedicada a la elaboración de sémolas y pastas alimenticias. También, en menor medida, se encuentra el sector de la construcción, la madera y el pequeño comercio. Socialmente es un pueblo en el que predomina la clase media y en el que existe un buen clima de convivencia. Se ofertan actividades culturales y deportivas durante todo el año para todos los sectores de la población.

El pueblo cuenta, en su oferta educativa, además de con el colegio, con dos guarderías, el IES Garci Méndez y una sección de Educación Permanente de Adultos. Hay que resaltar que el colegio mantiene una intensa relación con todas las instituciones de la localidad, destacando la AMPA del colegio. Está situado en la periferia del pueblo y dividido en dos zonas muy próximas. En una parte encontramos el llamado Edificio Antiguo, donde se ubican tres módulos: edificio principal, módulo 1 y módulo 2. En la otra parte del colegio, situada a unos 500 metros de la anterior, aunque en una calle diferente, podemos encontrar el denominado Edificio Nuevo. Actualmente el centro cuenta con diecinueve unidades distribuidas de la siguiente forma: seis unidades de Educación Infantil, doce unidades de Educación Primaria, una unidad de Apoyo a la Integración, una unidad de Audición y Lenguaje y un aula Específica.

El alumnado

El grupo de estudiantes con el que se desarrolla la experiencia pertenece al 6.º curso de Primaria, contando con una edad de 11-12 años. La actividad se plantea para ambas clases del sexto curso. Teniendo en cuenta las características psico-evolutivas de nuestro alumnado, de acuerdo con su edad, nos encontramos con niños y niñas que están en plena transición del pensamiento concreto al abstracto; según Piaget, los niños y niñas a esta edad se aproximan a las operaciones formales. Entre las características de este grupo de alumnos, destacamos:

- Mayor capacidad de reflexionar, planificar y anticipar consecuencias.
- Aumento en la atención y la memoria de trabajo.
- Mejor comprensión de conceptos más complejos como la perspectiva múltiple o el tiempo histórico.
- Las relaciones sociales son condicionantes para su identidad y autoestima.
- Adquieren mayor conciencia de las propias emociones e identidad personal.
- Son más susceptibles a la opinión de las demás personas.
- Aparecen emociones más complejas como la vergüenza, la culpa o el orgullo en relación con normas y valores.
- Adquieren mayor conciencia sobre los problemas sociales y la justicia.
- El grupo de amistades y el sentimiento de pertenencia se vuelven fundamentales.
- Empiezan a establecer relaciones más estables y profundas con sus iguales.
- Pasan a tener un pensamiento más autónomo, valorando la intención y la equidad.
- Comienzan a tomar decisiones más basadas en principios éticos propios.

Para planificar y poner en práctica esta actividad se han tenido en cuenta estos aspectos de nuestro alumnado, ya que consideramos que tienen una edad clave para fomentar la participación, el pensamiento crítico y el trabajo cooperativo.

2. Ficha de la experiencia educativa llevada a cabo

– Título de la experiencia educativa: "Encuentro literario Gata Cattana"
– Etapa, nivel y materia en que se ha desarrollado: 6.º de Primaria.

La actividad se ha iniciado en clase de música, pero se ha planificado y desarrollado principalmente en tiempo de recreo.

– Grupo y número de estudiantes con los que se ha llevado a cabo: la primera parte de la actividad se ha implementado en la clase de música, con todo el alumnado de 6.º. En esta primera fase, se ha presentado a la artista y los alumnos han hecho un trabajo de investigación acerca de su trayectoria. La actividad principal se ha desarrollado con un grupo más reducido de estudiantes, niños y niñas que han mostrado especial inquietud en participar en la tarea e interés para prepararla en tiempo de recreo, en la biblioteca del centro.
– Recursos Educativos utilizados en el desarrollo de la experiencia
Para la preparación de nuestro trabajo se recurrió a una variedad de recursos educativos que permitieron enriquecer el contenido y garantizar la calidad de la información presentada. Estos materiales, sirvieron como base teórica y práctica para abordar los distintos aspectos del tema tratado. A continuación, se detallan los principales recursos utilizados durante el proceso de elaboración.

Recursos didácticos

– Libros de la autora:
Cattana, Gata (2016). *La escala de Mohs*. Ascesis.
Cattana, Gata (2019). *La escala de Mohs*. Aguilar.
Cattana, Gata (2020). *No vine a ser carne*. Aguilar.
Cattana, Gata (2024). *Poesía completa*. Aguilar.

– Bibliografía para fichas de trabajo

Pinilla Alba, Susana (2022). *El legado poético de Gata Cattana para el feninismo cultural. Poéticas. Revista de Estudios Literarios, 14*, 107-131.

Pinilla Alba, Susana (2022). La obra total de Gata Cattana. Composición y recepción del rap en la era transmedial. En Sheila Pastor Martín, José Antonio Paniagua García y Teresa Gómez Trueba (eds.), *Movimientos exocanónicos de la literatura contemporánea* (pp. 123-136). Ediciones Universidad de Salamanca.

Alonso Fernández, Zoa (2024). Rap, poesía, feminismo y recepción clásica. En Luis Unceta Gómez y Cristina Salcedo González (eds.), *Mítica Gata Cattana: Rap, poesía, feminismo y recepción clásica. Clasicismo e identidades contemporáneas* (pp. 51-78). Los libros de la Catarata.

Recursos tecnológicos

– Plataforma educativa *Google Classroom*
– Vídeos (*YouTube*)

Recursos audiovisuales

– Documental *Eterna*
– Álbum *Banzai*
– Álbum *Los siete contra Tebas*

Recursos materiales o tangibles

– Pizarra. Pizarra digital
– Proyector
– Ordenador e impresora
– Material fungible
– Micrófono y altavoz
– Mobiliario: atril, sillas

Recursos humanos

– Docentes:

Luque Cobos, M.ª del Rosario, tutora de 6.º de Primaria y especialista en Música.

Márquez Moyano, Ana Cristina. Maestra especialista en lengua extranjera (Inglés) y responsable de la actividad.

– Alumnado
– Personal Biblioteca Cervantes El Carpio
– Miembros del club de lectura "Leo y sueño"
– Invitada especial: Ana Llorente (madre de Gata Cattana)

Espacios utilizados:

– Aula
– Biblioteca del colegio
– Biblioteca pública de El Carpio

Relación completa del profesorado participante, indicando nivel educativo en el que ha participado, cargo y responsabilidad en las actuaciones, si procede.

– Ana Cristina Márquez Moyano (maestra especialista en lengua extranjera, Inglés). Persona encargada de organizar, programar y desarrollar la experiencia con el alumnado. Forma parte del equipo docente del curso 6.º de Primaria y del equipo de biblioteca. Coordina el club de lectura dentro de la biblioteca del colegio, al que pertenecen los alumnos que participan en la experiencia.

– M.ª del Rosario Luque Cobos, especialista en Música y tutora de uno de los dos cursos de 6.º, Coordinadora del Plan de Igualdad del colegio. En el presente curso, propuso la actividad "Mujeres en la historia de la música" para el 8 de marzo. La responsable de la actividad le ofreció la posibilidad de que el alumnado de 6.º conociera la figura de Gata Cattana, para, posteriormente, poder desarrollar la experiencia con el alumnado más interesado. En diferentes sesiones de música se ha conocido parte de la vida y obra de la autora. Además, el alumnado ha realizado un trabajo de investigación sobre esta figura.

Duración de la experiencia educativa:

La temporalización para preparar la actividad ha sido: del 27 de enero al 4 de marzo. Se ha trabajado con el alumnado en el horario de recreo.

La experiencia se desarrolló el 5 de marzo, con una duración de 1 hora aproximadamente.

3. Descripción de la experiencia

3.1. Justificación

La Educación Primaria constituye una etapa fundamental en el desarrollo cognitivo, emocional y social de los niños y las niñas. Es durante estos primeros años cuando se consolidan valores, creencias y actitudes que influirán en su comportamiento futuro. Por ello, abordar la igualdad de género desde una perspectiva pedagógica en esta etapa resulta esencial para construir una sociedad más justa, equitativa y respetuosa con la diversidad.

La experiencia que se plantea para nuestro grupo de estudiantes pretende acercar la figura de la persona y la artista a nuestro alumnado, encontrando semejanzas con la que fue una alumna de un colegio público similar al nuestro, con un entorno parecido a aquel en el que están creciendo nuestros alumnos y alumnas. Se intenta mostrar a una chica de un pueblo vecino que marcó a toda una generación y que puso en valor en sus letras la igualdad de género y la justicia social.

A lo largo de todo el proceso hemos intentado hacer ver a nuestros alumnos que el feminismo no responde únicamente a una corriente histórica o política, sino que también es una llave que todas las personas debemos tener en cuenta para fomentar la igualdad de género, desmontar estereotipos sexistas y promover el respeto entre iguales.

Finalmente, consideramos que, como centro educativo, tenemos la responsabilidad de garantizar una educación inclusiva, que vele por los derechos humanos y garantice el máximo desarrollo de nuestro alumnado.

Por todo lo expuesto, hemos elegido a Gata Cattana por ser una mujer cordobesa valiente, culta, que ha hecho historia en la música de nuestro país y que lleva por bandera el empoderamiento de las mujeres como requisito indispensable para construir una sociedad más justa e igualitaria.

3.2. Contenidos y objetivos curriculares

Contenidos

Con la actividad programada se pretende abarcar tanto contenidos en los que se desarrollen conocimientos académicos como valores, habilidades sociales y emocionales, además de las capacidades creativas.

Los contenidos programados son los siguientes:

– Lectura comprensiva de textos poéticos y canciones.
– Reconocimiento de recursos expresivos sencillos (rima, repetición, metáfora).
– Uso del lenguaje para expresar emociones y opiniones.
– Escucha activa y expresión oral.
– Igualdad de género y respeto por la diversidad.
– Expresión de ideas y emociones a través del arte.
– Reflexión sobre la identidad personal y la autoestima.
– Reconocimiento de modelos femeninos en la cultura.

Objetivos

La actividad propone un acercamiento a la autora, de forma que el alumnado conecte con su entorno cultural, promoviendo el gusto por la poesía contemporánea, el rap y la música con mensaje, al mismo tiempo que fomenta la igualdad de género, la autoestima y el pensamiento crítico desde un enfoque lúdico y participativo.

Los objetivos planteados son:

1. Fomentar la igualdad de género y el respeto por los derechos de todas las personas.
2. Promover el pensamiento crítico frente a estereotipos y roles tradicionales.
3. Valorar la diversidad como una riqueza social.
4. Desarrollar la empatía y el trabajo cooperativo.
5. Conocer la vida y obra de la artista Gata Cattana.
6. Comprender, analizar y recitar poemas que contemplen un mensaje de igualdad y justicia social.
7. Comprender y analizar textos que reflejen diferentes realidades sociales, incluyendo el papel de la mujer en la historia.

8. Expresar opiniones sobre temas de actualidad como el feminismo, utilizando un lenguaje inclusivo.

9. Reconocer el papel de la mujer en la historia y en la sociedad actual.

10. Identificar situaciones de desigualdad y proponer formas de solucionarlas.

11. Analizar los cambios sociales que han permitido mayores derechos para las mujeres.

12. Expresar emociones y reflexiones sobre el feminismo mediante medios visuales, musicales o poemas de la artista Gata Cattana.

13. Identificar y cuestionar actitudes sexistas en la vida cotidiana.

14. Aprender a resolver conflictos de forma pacífica y respetuosa.

15. Fomentar la autoestima y la autoconfianza en niños y niñas por igual.

3.3. Descripción del proceso realizado

Al inicio del 2.º trimestre se organizó una reunión del equipo técnico de coordinación pedagógica del centro, en la que uno de los puntos del día era la propuesta de la programación que la coordinadora del Plan de Igualdad planteaba por el Día de la Mujer (8 de marzo). La actividad planteada es "Mujeres en la historia de la música", una propuesta para dar a conocer la figura de la mujer dentro de este campo. Se programa para todos los cursos: Infantil, Aula Específica y Primaria. En los diferentes cursos, el alumnado conocería e investigaría sobre artistas, compositoras o directoras de orquesta. Los trabajos realizados quedarían expuestos en los pasillos del centro.

Una vez realizada la propuesta por la coordinadora del Plan de Igualdad, se comenta la posibilidad de hacer un estudio detallado y especialmente trabajado sobre la figura de la artista Gata Cattana en 6.º de Primaria. En clase de música presentan a la artista e indagan sobre su vida y trayectoria. En horario de recreo, con alumnas y alumnos que forman parte del Club de Lectura y que muestran especial interés, se prepara el acto que pone el broche final a las actividades por el Día de la Mujer.

La propuesta es bien recibida por todo el equipo docente y el equipo directivo y aprobada para su puesta en práctica. Finalmente se lleva a claustro, se presenta ante el Consejo Escolar y es aprobada, contando con la felicitación de familias del consejo escolar, por la iniciativa. Una vez aprobada, nos disponemos a programar la experiencia, temporalizando las sesiones necesarias para preparar de manera óptima las intervenciones.

El primer paso es dar a conocer a nuestro alumnado la actividad y saber qué niños y niñas estarían dispuestos a participar de manera más activa en la misma. Todos parecen entusiasmados con la idea, pero la timidez para hablar, leer o recitar en público les frena para lanzarse a participar.

A partir de este momento, se organiza el trabajo en el recreo, que tendrá lugar en la biblioteca del centro. En este tiempo, bajo un guión preparado por la coordinadora de la actividad, el alumnado desarrolla los puntos y prepara la presentación del acto. Además, se realizan las siguientes actividades:

- Decoración del Rincón Violeta de la biblioteca con imágenes, frases y dibujos que hacen alusión a Gata Cattana.
- Lectura de textos y poemas de la autora, analizando el mensaje que presentan.
- Visionado de imágenes donde aparecen grafitis repartidos en muros de diferentes ciudades alusivos a la artista trabajada.
- Se da a conocer el documental *Eterna*.
- Escucha de canciones y análisis de la letra.
- Análisis de personajes mitológicos e históricos que aparecen en textos de Gata Cattana.
- Debate sobre la figura de la mujer a lo largo de la historia.
- Se realiza un análisis de la trayectoria de la artista, haciendo ver en el alumnado lo que Gata Cattana hizo por el feminismo y la igualdad de oportunidades siendo muy joven y de un pueblo similar al suyo.
- Repartir la presentación y las intervenciones.
- Organizar una clase virtual en la plataforma *Classroom*, donde poder compartir ideas, impresiones u opiniones en todo momento.
- Dar a conocer los poemarios *No vine a ser carne* y *La escala de Mohs*.
- Visionado de *Slam Poetry*, donde participó Gata Cattana.
- Preparar las preguntas que se realizarían a la madre de la artista.
- Diseñar el cartel anunciador de la experiencia "Encuentro literario Gata Cattana".
- Preparar la invitación formal para el Club de Lectura "Leo y Sueño" (club de lectura formado por adultos de la biblioteca pública Cervantes de El Carpio).
- Realizar ensayos de la presentación.

Paralelamente a las actividades anteriormente descritas, nos ponemos en contacto con la responsable de la biblioteca pública de El Carpio, a la que se le presenta la actividad y se le ofrece la posibilidad de contar con la colaboración del Club de Lectura "Leo y Sueño" en nuestra experiencia. La bibliotecaria felicita nuestra iniciativa y queda a disposición para preparar las instalaciones para la cita acordada.

Una vez organizado todo el trabajo, se realizan las autorizaciones necesarias para la salida del alumnado del centro y las autorizaciones pertinentes para poder hacer uso de la imagen durante la experiencia.

La actividad se programa para el 5 de marzo a las 10:30 horas en la Biblioteca pública de la localidad. Es una experiencia totalmente guiada y presentada por el alumnado. La profesora y coordinadora responsable es la encargada de proyectar vídeos e imágenes que se van sucediendo a la vez que se presenta el acto.

3.4. Enfoque metodológico. Incorporación de la perspectiva de género

La Ley Orgánica 3/2020, de 29 de diciembre, por la que se modifica la Ley Orgánica de Educación (LOMLOE), refuerza el compromiso del sistema educativo con los valores de igualdad, inclusión y justicia social. En este sentido, uno de los ejes fundamentales de la LOMLOE es la promoción activa de la igualdad de género, fomentando una educación libre de estereotipos y discriminación. Tal y como se recoge en su preámbulo y en distintos artículos –como el artículo 1, que establece entre sus principios la igualdad de derechos y oportunidades entre hombres y mujeres–, la ley apuesta por una educación que contribuya a la construcción de una sociedad más equitativa y respetuosa con la diversidad.

A través de actividades participativas y adaptadas a su nivel de desarrollo, se fomenta el respeto, la empatía y la valoración de la diversidad. Esta actividad se enmarca en un enfoque pedagógico inclusivo y transversal, que promueve la equidad de género, la no discriminación y la convivencia positiva en el aula.

La metodología propuesta se basa en el aprendizaje activo, donde los niños y las niñas se convierten en protagonistas de su propio proceso de descubrimiento. Se utilizarán dinámicas lúdicas, recursos visuales y el trabajo cooperativo para facilitar la comprensión de conceptos como igualdad, respeto y derechos. A su vez, se fomentará el diálogo y la reflexión crítica, adecuando los contenidos a su contexto cotidiano para lograr una mayor conexión emocional y comprensión real del tema.

Por lo tanto, se plantea una metodología:

– Activa y participativa

Los alumnos y las alumnas son protagonistas de su aprendizaje, por lo que se fomenta la participación activa a través de dinámicas, debates, juegos de roles y actividades colaborativas.

– Basada en experiencias cercanas

Se parte de situaciones cotidianas y reales que los y las estudiantes puedan identificar en su entorno: roles en el hogar, juegos en el recreo, profesiones, etc.

– Inclusiva y respetuosa

Se promueve un ambiente donde se respeten las diferencias y se valoren todas las opiniones, sin discriminación por género.

– Reflexiva y crítica

El alumnado desarrolla su pensamiento crítico a través de preguntas abiertas, análisis de casos y el cuestionamiento de estereotipos y roles tradicionales.

– Lúdica y creativa

Se utilizan recursos como cuentos, vídeos, manualidades o dramatizaciones de la poesía para captar la atención de los niños y trabajar los conceptos de forma amena.

3.5. Herramientas empleadas

En la preparación y desarrollo de nuestra experiencia, se utilizaron diversas herramientas que permitieron llevar a cabo cada una de las etapas del proyecto de manera eficiente y ordenada. La elección de estas herramientas se realizó en función de las capacidades de nuestro alumnado y la disponibilidad de los materiales en nuestro centro. Entre las principales herramientas empleadas se encuentran tanto recursos tecnológicos como metodológicos. En el ámbito tecnológico, se utilizaron programas de *software* especializados para la recopilación y análisis de datos, así como plataformas colaborativas que facilitaron la comunicación y el trabajo en equipo.

En cuanto a las herramientas metodológicas, se aplicaron enfoques y técnicas que permitieron una planificación adecuada, así como una ejecución sistemática de las actividades. El uso adecuado de estas herramientas fue clave para alcanzar los resultados esperados y garantizar la calidad del trabajo realizado.

3.6. Distribución temporal de la experiencia

Para la preparación de nuestra experiencia se programó la temporalización del trabajo con el propósito de garantizar el desarrollo de los objetivos planteados dentro de los plazos establecidos. De esta forma, hemos podido organizar las sesiones, asignar el trabajo y preparar el material de manera más organizada.

- 13 de enero de 2025: reunión del Equipo Técnico de Coordinación Pedagógica. Se hace la propuesta de la actividad.

- 27 de enero de 2025: se informa y aprueba la propuesta de la actividad "Encuentro literario Gata Cattana" en el claustro y el consejo escolar.

- Del 27 de enero al 21 de febrero: búsqueda de información, estudio, análisis de la vida y obra de Gata Cattana. Documentación y preparación de la exposición de la experiencia.

- Del 24 de febrero al 4 de marzo: ensayo de las presentaciones por parte del alumnado encargado de exponer durante la experiencia. Ensayo de la lectura de textos o poemas.

- Tarde del 4 de marzo: organizar el espacio y mobiliario en la Biblioteca Pública Cervantes.

- 5 de marzo: "Encuentro literario Gata Cattana".

La organización del tiempo en la experiencia es la siguiente:

- 10:00h: Recibir a Ana Llorente en el colegio y desplazarse con el alumnado a la Biblioteca de la localidad.

- 10:30h: Comienza el acto.

A continuación, se expone el orden en el que se sucede la exposición durante la experiencia:

1. Presentación.
2. ¿Quién es Ana Isabel García Llorente?
3. Proyección de un vídeo montado por la responsable para introducir la presentación.

4. Gata poeta.

5. Lectura de poemas.

6. Gata rapera.

7. Documental.

8. Vídeo tráiler documental Eterna.

9. Gata influencer.

10. Lectura del texto "Ni una más" (ver Anexo VIII).

11. Gata Cattana en los medios.

12. Fin.

13. Ronda de preguntas.

14. Agradecimientos y despedida.

3.7. Evaluación (estrategias e instrumentos empleados)

La evaluación constituye un elemento esencial en nuestra experiencia, ya que nos ha permitido valorar el proceso de enseñanza-aprendizaje, identificar avances, detectar dificultades y orientar la toma de decisiones.

La elección de los criterios de evaluación responde a los objetivos planteados, al perfil de nuestro alumnado y a las características propias de la experiencia educativa. De esta manera, promovemos una evaluación formativa que impulsa la reflexión, el pensamiento crítico y el compromiso del estudiantado con su propio aprendizaje.

Los instrumentos de evaluación utilizados fomentan la participación del alumnado y retroalimentan constantemente el quehacer docente. A continuación, se describen las principales herramientas utilizadas y su contribución al logro de los aprendizajes esperados.

– Cuestionarios

– Escala de valoración

– Rúbrica

– Lista de cotejo

– Porfolio

– Registro anecdótico

– Diario de clase

3.8. Documentación

Los presentes documentos bibliográficos reúnen las principales fuentes consultadas para la preparación de nuestra experiencia, seleccionadas por su relevancia y actualidad. Incluye tanto libros como recursos digitales que han contribuido de manera significativa al análisis y desarrollo de los contenidos.

La escala de Mohs (2016)

Único poemario publicado en vida. En este, Gata Cattana explora temas como la identidad, el feminismo y la crítica social, utilizando la metáfora de la escala de dureza mineral para medir la resistencia de los principios humanos. Incluye dos poemas inéditos, uno de ellos en versión manuscrita.

No vine a ser carne (2020)

Publicado póstumamente, este libro reúne poemas y textos inéditos que reflejan tanto su faceta de activista como su lado más íntimo y emocional.

Poesía completa (2024)

Esta obra compila toda la producción poética de Gata Cattana, incluyendo textos inéditos. Es una edición definitiva que celebra su legado literario y su impacto en la crítica social y el feminismo.

Documental Eterna (2022)

Dirigido por Juanma Sayalonga y David Sainz, *Eterna* explora las inquietudes humanas y artísticas de Gata Cattana a través de testimonios de su familia, amistades y figuras destacadas de la cultura.

Página web oficial de Gata Cattana: www.gatacattana.org. Espacio gestionado por la Asociación Músico-Cultural Gata Cattana y dedicado a preservar y promover el legado artístico y cultural de Gata Cattana.

Otros enlaces web
http://elpais.com/cultura/2023-02-19/vida-y-muerte-de-gata-cattana-la-rapera-cuyo-ejercito-sigueexpandiendo-su-legado.html

https://www.penguinlibros.com/es/revista-lengua/musica/quien-era-gatacattana?

https://elcierredigital.com/cultura/que-queda-gata-cattana-cordobesa-revoluciono-protestas-rap

https://www.eldiadecordoba.es/cordoba/nace-programa-uco-gata-cattana_0_2002107552.html

Entrevistas a Gata Cattana en diferentes programas (*Youtube*).

4. Evidencias de las producciones generadas por el alumnado durante la experiencia educativa

El alumnado participó con entusiasmo en el desarrollo de la experiencia educativa. Como resultado de este proceso, se generaron múltiples producciones que reflejan no solo la comprensión de los contenidos abordados, sino también el desarrollo de habilidades como la expresión oral y escrita, la investigación y el pensamiento crítico.

A continuación, se presentan algunas de las evidencias más representativas de nuestro trabajo realizado.

Imagen 1. Estudiantes presentando el acto.

Imagen 2. Alumna recitando un poema.

Imagen 3. Presentación del acto.

Imagen 4. Visionado de imágenes tras la exposición.

Imagen 5. Intervención de Ana Llorente.

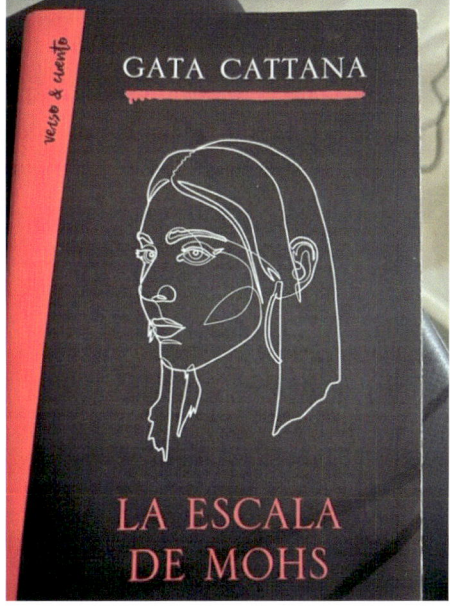

Imagen 6. Ejemplar del libro firmado y regalado por la madre de Gata Cattana al colegio.

Imagen 7. Fotografía del acto con la familia de Gata Cattana, la directora
del colegio y los miembros del Club de lectura "Leo y sueño".

Para consultar más imágenes del evento, acceda a la entrada correspondiente en el blog oficial del CEIP Ramón y Cajal: https://blogsaverroes.juntadeandalucia.es/ceipramonycajal/encuentro-literario-gata-cattana/

5. Evidencia de las medidas emprendidas para difundir la experiencia educativa

La difusión de nuestra experiencia *Encuentro Literario Gata Cattana* constituye una herramienta fundamental para compartir la práctica exitosa de nuestro trabajo, además de fomentar la innovación pedagógica, fortalecer la colaboración entre docentes, instituciones y toda la comunidad educativa.

En este trabajo se presentan las evidencias de las medidas emprendidas para divulgar una experiencia educativa significativa, con el objetivo de visibilizar sus logros, aprendizajes y desafíos.

Los medios utilizados son:

– Cartel anunciador de la experiencia. Ha estado expuesto en la Biblioteca Pública de la localidad y dentro de nuestro colegio (Anexo IV).
– Blog oficial del colegio.
  https://blogsaverroes.juntadeandalucia.es/ceipramonycajal/
  encuentro-literario-gata-cattana/

6. Valoración de los resultados y beneficios alcanzados

Una vez finalizada la experiencia y habiendo realizado una valoración y autoevaluación docente y con nuestro alumnado, consideramos muy positivamente el desarrollo de la actividad y un éxito la experiencia vivida el día de la exposición.

A través de esta actividad se ha conseguido que nuestro alumnado conozca la vida y trayectoria artística de Gata Cattana, se acerque a la lectura de poesía y sea capaz de transmitir un mensaje a la hora de recitar la misma. Sin lugar a duda, hemos conseguido sensibilizar al alumnado sobre las desigualdades existentes, fomentar el pensamiento crítico y promover actitudes igualitarias en su entorno cotidiano.

A partir de esta experiencia y del análisis de esta, el alumnado ha sentado las bases para continuar avanzando en una educación en igualdad.

7. ANEXOS

Anexo I: *Escaleta de la experiencia*

"ENCUENTRO GATA CATTANA"

Fecha: miércoles 5 de marzo

Hora: 10:30 (duración 1 hora aproximadamente)

Lugar: Biblioteca Pública Cervantes El Carpio.

Curso: 6.º de Primaria.

El acto estará presentado y guiado por el alumnado de 6.º.

Todas las intervenciones las realizarán los y las estudiantes de 6.º.

PRESENTACIÓN (Julia y Lucas 6.º B)
VÍDEO
¿Quién es Ana Isabel García Llorente? (María y Luis Miguel 6.º A)
Gata poeta (Pedro 6.º A y Alonso 6.º B)
VÍDEO
POESÍA "Tu oficio, poeta" (Elodia 6.ºA)
POESÍA "Letra sobre pliego" (Ylenia 6.ºA)
POESÍA "Una mujer" (Pilar León 6.º B)
POESÍA "La Satine" (Inés 6.º B)
Gata rapera (Saif, Marcos y Antonio 6.º B)
VÍDEO
- Documental (Miguel 6.º B)
VIDEO
Gata *influencer* (Helena y Sheila 6.º B)
VÍDEO
TEXTO "Ni una más" (Pilar Gómez 6.º A)
Gata en los medios (Alejandra 6.º A, Anaira 6.º B)
FIN (Julia y Lucas 6.º B)
Lectura FRASES (Julia y Lucas 6.º B)
- Ronda de preguntas (Las preguntas ya se han preparado previamente y hay una selección hecha)
POESÍA CLUB DE LECTURA "Qué es el amor" POESÍA ANA LLORENTE "Con las manos"

Anexo II: *Invitación Club de Lectura*

C.E.I.P. RAMÓN Y CAJAL
EL CARPIO (CÓRDOBA)

El **CEIP Ramón y Cajal** tiene el gusto de invitar al Club de Lectura Leo y Sueño al Encuentro Literario **Gata Cattana** que tendrá lugar el 5 de marzo a las 10:30h en la Biblioteca Pública Cervantes.

Es una actividad preparada para el alumnado de 6.º de primaria en la que se pondrá broche final a la programación por el Día de la Mujer. En este "Encuentro" el alumnado expondrá la vida y obra de la desaparecida autora, se visionarán imágenes y vídeos de su trayectoria y se recitarán poemas de la misma.

Contaremos con la invitación especial de la madre de Gata Cattana.

Atentamente

Anexo III: *Texto-guion presentación del acto e intervenciones del alumnado*

PRESENTACIÓN

Buenos días y bienvenidos y bienvenidas, estudiantes de 6.º de Primaria del CEIP Ramón y Cajal, profesorado, miembros del club de lectura, Gloria Caballero y Ana Llorente.

Hoy nos reunimos en la biblioteca de nuestro pueblo para encontrarnos con la poesía, con la música y con el legado de Gata Cattana.

Una mujer con ansia de justicia, que representa a toda una generación y que ha dejado plasmados en sus letras el feminismo y su compromiso social.

(Proyección vídeo con imágenes y música Gata Cattana)

¿QUIÉN ES ANA ISABEL GARCÍA LLORENTE?

Ana nació en Adamuz el 11 de mayo de 1991. Estudió Primaria y Secundaria en el colegio e instituto de su pueblo; continuó Bachillerato en el Instituto Galán Acosta de Montoro. Fue graduada en Ciencias Políticas por la Universidad de Granada en 2014, con un Máster en Política Internacional y resolución de conflictos por la Universidad Complutense de Madrid en 2015.

Terminó sus estudios a los 23 años e inmediatamente después se implicó de manera más profesional en lo que hasta entonces habían sido sus pasiones desde pequeña: la poesía y la música.

Gata Cattana fue cantante, rapera, poeta, politóloga, feminista, reivindicadora de la cultura popular andaluza. En su obra podemos encontrar constantes referencias a los clásicos (griegos y romanos) y a escritores como Quevedo, Góngora, Unamuno y Lorca.

Era una artista polifacética y comprometida con la sociedad, hija de una generación perdida y transgresora en el género musical. Supo transformar y dar brillo a su legado mediante la integración y personalización de componentes de diversas procedencias, añadiendo toques flamencos, electrónicos y latinos.

Ella, culta, feminista, políticamente incorrecta, amante de los *quejíos*, compagina sus trabajos musicales dentro del género rap con la escritura de poemas con su participación en recitales y concursos de *Slam Poetry*.

Gata Poeta

Como ella misma dijo en la entrevista para *Furor TV* (2016): "no sabría decir si fue antes mi faceta como cantante o como poeta", aunque desde muy niña se dedicaba a escribir poesía y relatos cortos en los que plasmaba con gran destreza sus ideas y su vida cotidiana. La poesía es lo que más le atraía; veía en ella una forma de plasmar sus pensamientos dándole rienda suelta a su sensibilidad e imaginación.

Ana se servía del verso libre y eso le daba alas y otras posibilidades que con el rap no podía utilizar, ya que dependía de una base musical a la que adaptaba la métrica.

Empezó a escribir en la *Revista de feria* de su pueblo con tan solo quince años y estuvo presentando muchos de sus poemas en este medio (que después serían recopilados en su poemario póstumo *No vine a ser carne*).

El momento en el que realmente se centró más en la poesía fue cuando conoció la poesía dramatizada en las competiciones de *Slam Poetry*, donde comenzaría a participar en el 2014, llegando a quedar primera en Granada. Ese mismo año asistió al *Slam Poetry* a nivel nacional que se llevó a cabo en Palma de Mallorca, quedando finalista.

El 2016 se produjo un gran salto a la escena musical y poética de manera simultánea. Ha competido en numerosos *Slam* tanto nacionales como internacionales en Madrid, destacando también su participación en "Poesía o Barbarie" el 16 de mayo del 2016, en el que Ana fue la participante más joven y entusiasmó por su frescura y profundidad de sus versos, entrelazando con gran destreza el ayer y el hoy.

Nos trae una poética cargada de referencias clásicas que se mezclan con la realidad más cotidiana.

Lectura de poemas

Gata rapera

Con solo catorce años comenzó a cantar en eventos populares tras su actuación en el evento de fin de curso de la escuela de música, donde destacó por su soltura, su voz y ejecución empezando a cantar temas pop y centrándose más tarde en el flamenco que escuchaba desde hacía tiempo. Se trata de un género que estudió para conocer los distintos palos y en el que encontró a menudo letras de denuncia social y desgarro.

Más tarde formó el grupo Aquí pongo la Era, con cuatro amigos, donde el flamenco y los ritmos andaluces llegaron a plasmarse en un disco titulado *Carpe Diem*.

Cuando conoció el rap, unió de forma definitiva sus dos pasiones, música y poesía. Estas se fundían en un género en el que ella, además de sentirse cómoda, podía dominar y servirse de él como un medio de expresión donde hacer realidad sus dos inquietudes.

Con solo 16 años, empezó a escribir y grabar letras de rap con compañeros del género e hizo un primer grupo Phicodelicias, pero fue en 2009 cuando se hizo más visible al empezar su carrera. Se fue a Granada a estudiar y conoció a Anabel. Se dieron a conocer como el grupo Cattana y allí donde actuaban creaban una gran expectación pon sus potentes letras y arte en la puesta en escena. Este grupo solo duraría un año en el que pudo estudiar y formarse en esta cultura que es el rap y que hizo suya.

Conocida por el sobrenombre de Gata, hizo suyo el nombre y adoptó Cattana a modo de apellido. Siguió en solitario experimentando y dándole matices a este tipo de música en el que ella cada vez se sentía más cómoda.

En Granada, en 2013, sacó su primer trabajo, en el que destacó con su EP *Los siete contra Tebas*. Sin embargo, fue en el 2015, ya en Madrid, cuando publicó su EP *Anclas*, poniéndose en el punto de mira y, posteriormente, con el recopilatorio de *Inéditos 2015*.

A partir de aquí, su ascenso en el mundo de la música fue todo un hecho. Actuó en distintos Festivales y conciertos a nivel nacional e internacional a lo largo de la geografía española, destacando el concierto del 20 de enero en la prestigiosa Sala Sol de Madrid, consiguiendo un lleno absoluto y en el especial musical de Radio 3 del 19 de febrero de 2017.

El 2016 fue un año muy importante y productivo para ella, ya que consiguió terminar su disco llamado *Banzai*, conviertiéndose en un experimento que sin duda representó un antes y un después en el rap.

Ella no pudo hacer realidad el sueño de ver publicado su álbum de larga duración, titulado *Banzai*. Este trabajo fue autoeditado el 8 de octubre de 2017 de manera póstuma, el mismo día que en Córdoba se homenajeaba su trabajo y su figura en el festival internacional de la poesía *Cosmopoética*.

Al año siguiente, la artista triunfó de forma póstuma en los Premios de la Música Independiente (MIN) 2018, con *Banzai* como álbum de *hip hop* de música urbana y como mejor artista emergente.

Es una tragedia su marcha de manera tan precipitada porque ella habría llegado a posicionarse como una de las figuras más destacadas en el ámbito del rap.

La artista cordobesa hizo mucho por este género musical copado sobre todo por hombres, donde la temática que imperaba era machista y la visión de la sociedad no reconocía los logros de las mujeres. A partir de ella, hay muchas voces feministas que se han levantado y han conseguido coger el testigo y hacer un rap feminista de calidad.

Documental

En octubre de 2023 se presentó un documental, *Eterna*, que presenta, tanto la faceta personal (de Ana) como la artística (de Gata Cattana). Ha sido el segundo más visto en salas de cine, consiguiendo nominaciones y menciones en distintos festivales a lo largo del año y llegando a salir seleccionada para los premios Goya 2023.

El documental *Eterna* ha sido proyectado en varios Institutos de Andalucía: en Sevilla, Córdoba y Granada. También se ha proyectado en distintos países latinoamericanos, en Argentina, Ecuador y México.

(Vídeo: Proyección del tráiler del documental)

Gata *influencer*

Como hemos citado anteriormente, Gata Cattana afirmaba en la entrevista para el programa *Furor TV* "que era curioso porque, cuando estaba en los circuitos de poesía, le decían […] que no era poeta, que era rapera, pero cuando estaba cantando rap le decían […] que no era rapera, que era poeta". Sin duda alguna, lo que ha sido es una gran mujer que ha sabido hacerse oír y se ha convertido en un referente para muchas personas de diferentes edades y ha demostrado que, con preparación, trabajo y constancia se puede cambiar el mundo.

Ha servido como referente tanto en la poesía como en el rap y ha influido de manera muy clara en los distintos movimientos musicales en la actualidad.

A lo largo de estos años su figura ha ido creciendo y su presencia cada día es más palpable.

Actualmente hay multitud de murales en distintas ciudades dedicados a Gata Cattana. En Granada, concretamente, hay uno de 800 m. El mural más famoso está en Ciudad Lineal (Madrid) y fue vandalizado en varias ocasiones. Todo el barrio se levantó para protestar, evitar borrarlo y volver a pintarlo. Además, su nombre, su imagen y elementos alusivos a su figura son elegidos por muchas personas para llevarlos tatuados en su cuerpo.

Sus frases y su grito de justicia son palpables en multitud de manifestaciones. Lectura del texto "Ni una más" (ver anexo VIII)

GATA CATTANA EN LOS MEDIOS

— La universidad de Córdoba ofrece una beca universitaria con su nombre. Se trata de un programa de ayudas que busca la inserción universitaria y acompañamiento a jóvenes ex-tutelados y tuteladas.

— En Adamuz hay una asociación que lleva su nombre (AMC Gata Cattana), que se está ocupando de realizar actividades culturales, entre las que cabe destacar el Certamen de poesía y relato corto del que este año ya se ha realizado la quinta edición.

— La televisión francesa realizó un documental para un programa de turismo, que se publica en Bélgica, Francia, Alemania y Suiza. En este trabajo se muestra Adamuz, Granada y Córdoba a través de los ojos y la vida de Gata Cattana (en alemán y francés).

— En junio del 2023 se le hizo un homenaje a en la Universidad de Wuppertal, en Alemania, promovido por el catedrático de lenguas romanas y dirigido por Susana Pinilla, que hizo su tesis doctoral sobre Gata Cattana.

— Hay una Peña en Madrid, que es la casa de Andalucía, que lleva su nombre (Peña La Gata).

— Se realizan homenajes, trabajos en colegios e institutos y encuentros literarios donde sigue viviendo la figura de Gata Cattana.

Sin lugar a duda, Gata Cattana ha sido un referente en la cultura de su generación y ha dejado su granito de arena haciendo escuela y dándoles a las jóvenes las herramientas para saber que, si quieren, pueden.

Su voz, su poesía lírica y sonora era única, porque ella era única.

Los alumnos y las alumnas de 6.º hemos tenido el privilegio de conocer la vida y trayectoria de Gata Cattana y ha dejado huella en cada uno de nosotros y nosotras.

A continuación, haremos una breve ronda de preguntas a Ana Llorente sobre la figura de Gata Cattana.

Preguntas

Antes de que el club de lectura y Ana Llorente reciten dos poemas, nos gustaría cerrar nuestra presentación con la lectura de "Pluviofilosofía", poema recogido en su libro *Poesía Completa* (2024):

- Que en estos días de lluvia pienso, reflexiono y mantengo lo siguiente:
- Que la paz no es una utopía, lo que es una utopía es pensar que siempre lo arreglaremos todo de manera violenta.
- Que las mentiras son mentiras y las verdades son mentiras disfrazadas de verdades.
- Que queriendo ser alguien soy una persona que pretende ser alguien y no alguien sin más.
- ¿Ambición quizás? ¿Antimediocridad?
- Que el compromiso es miel pasajera y acíbar permanente.
- Que la vida es sueño, y que los sueños, sueños son. Que el que no sueña está muerto.
- Que los amigos son como el otoño, unos se van y otros vienen, pero todos dejan sus hojitas amarillas sobre nosotros en mayor o menor medida.
- Que la gente me dice pesimista por esto que escribo, sin saber que cuando soy pesimista me es imposible escribir.
- Que pensar está prohibido y levantar la cabeza para ver hasta donde a otros no les alcanza la vista es pecado. Que salirse del rebaño está penado.
- Que los insultos exteriorizan la envidia oprimida que cae sobre mis virtudes.
- Que mientras los medios sigan mintiendo, las calles seguirán hablando.
- Que levantarse a las tres de la mañana y ver que aún quedan horas de sueño me hace la persona más feliz del mundo.
- Que sonreír a alguien que no conoces está mal visto. Que decir te quiero y no demostrarlo es lo que se lleva.
- Que la vida es simple a pesar de que personas como yo la quieren hacer compleja.
- Que está guapísimo bañarte con agua caliente mientras oyes la lluvia caer y se va la luz.

REVISO, CONFIRMO Y REITERO todo lo dicho anteriormente con una única añadidura: Qué bueno está el pan con tomate.

Gracias a las profesoras que lo han hecho posible, gracias a Gloria Caballero por facilitar las instalaciones de la biblioteca, al club de lectura por su asistencia y por prestarse a participar siempre con nuestro colegio y a Ana Llorente por estar presente. Gracias a todos y todas por su atención.

Lectura de poemas por parte del club de lectura.
Lectura del poema por parte de Ana Llorente.

Anexo IV: *Cartel anunciador*

Anexo V: *Imagen proyectada en la exposición del punto Gata en los medios*

Anexo VI: *Imagen proyectada durante la exposición Gata* influencer

Anexo VII. *Documento elaborado para iniciar el trabajo*

BIOGRAFÍA

Ana Isabel García Llorente nace en Adamuz el 11 de mayo de 1991.

Estudia Ciencias Políticas y sociales en la Universidad de Granada y culmina su formación con un Máster en política internacional y resoluciones de conflictos en la Universidad Complutense de Madrid.

A muy corta edad demostró un acercamiento inusual al arte, lo que la llevó a convertirse en Gata Cattana: poetisa, rapera y feminista.

Su conocimiento de la tradición literaria española le hizo adquirir una perspectiva única que, tras su muerte, persiste en canciones y poemas sobre feminismo, justicia y libertad.

Gata Cattana es una artista reconocida en todo el mundo.

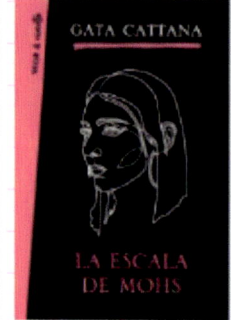

Mural "Mujeres" Madrid.

Anexo VIII: *Textos y poemas utilizados para leer y recitar durante la experiencia por parte de los alumnos*

NI UNA MÁS

Ni una más, se dijo mientras una última gota de impotencia surcaba sus mejillas y desaparecía agonizante en su boca, tan salada… Se miró al espejo y notó algo distinto en su mirada gris, no eran las mismas lágrimas de miedo y soledad de siempre, tenían algo de especial, ni ella misma sabía qué… quizás era la falta de una gran aureola morada y verdosa que otras veces la había hecho recordad el por qué de su existencia.

Se rió de si misma, de su ingenuidad al pensar que el yugo que aplastaba su vida iba a cambiar, de cuando creía que una metamorfosis idealista lo iba a convertir de nuevo en el dulce adolescente que la enamoró.

Una sonrisa bailó en su boca. Abrió la puerta y se fue, rompiendo su silencio con un portazo. Al sentir el aire en la cara, la sonrisa se convirtió en una sonora carcajada y se alejó gritando: ¡NI UNA MÁS!

GATA CATTANA

UNA MUJER

Ella es así. De esas.
Es como las veces
que el verso salta de sus abismos.
Se arroja.
Grita, baila, salta, llora.
Es de esas.

Es como la sensibilidad
espontánea de la poesía,
como ese papel en blanco
que calla,
pero te conoce y te guarda.
Apenas si reprocha,
apenas si se deja oír.
No hay tiempo para nimiedades,
ya casi es de noche
y la sopa no está hecha.

Tampoco la conozco tanto.
Pero ellos me han hablado,
ellos me han hablado de la mujer torbellino,
de sus huracanes.

Y yo he visto sus ropas de colores,
la he visto escuchando tangos y bluses
y en un par de ocasiones tuve
el placer de compartir el té con ella.

Es una de esas que no se esconden,
imprevisible, de acantilados y cumbres,
natural de antemano,
como un carnaval, una fiesta pagana.
Como las Leyes incomprensibles de
Madre Gaia, que

nadie sabe cómo,
nadie sabe cómo,
pero aún resiste.

Ellos me han hablado,
me han contado anécdotas
de viejas glorias, de cuando
yo aún no había aparecido.

Me han hablado de la madre
y la esposa.
Ella no dice nada porque es transparente,
no hace falta.

Es como la poesía
como os estaba diciendo.
Como la poesía cuando
el verso salta, salta de sus abismos.

La máxima expresión de los valores
femeninos e infantiles, de inquietudes y
dulzura, de dar sin medida, de darse.
De no caberle un solo sentimiento más
en su cuerpo.
Puede que me equivoque,
tampoco la conozco tanto.

Ellos me han hablado de la madre
y la esposa.
Pero yo les hablo de la mujer.
La mujer torbellino, con sus huracanes.
Una mujer de esas.
UNA MUJER.
De esas.

Tu oficio, poeta

Tu oficio, poeta,
no es almacenar palabras
eruditas,
rimbombantes,
ornamentales.

No es disponerlas en su
orden yámbico,
en perfecto soneto gongorino,
ni siquiera clasificarlas
burdamente en función
de la terminación
y la rima.

Porque tú nunca
fuiste matemático, poeta.
Tú nunca fuiste geógrafo ni físico
y no entiendes de distancias
ni unidades de medida
y no entiendes de lógica pura
ni de leyes invictas.

Porque tú nunca
fuiste científico, poeta,
y por eso mismo
no entiendes de estadística
ni de cuántica avanzada
ni de biopolítica
y no es tu oficio
establecer las fórmulas
del cosmos.

No es tu oficio el análisis forense
por más que te empeñes

así como no lo es tampoco
el psicoanálisis ni la neurociencia.

Tu oficio, poeta,
es esculpir utopías
donde no puede haberlas.
Acabar con la ley de la gravedad
y juntar el cielo con la tierra,
el bien con el mal,
de la forma más humana
y menos despreciable
que te permita tu especie.

Tu oficio, poeta,
es dignificar la especie.
Hacer que quepa la duda,
decir: "Algunos eran buenos.
Algunos no eran prescindibles"

Que mañana,
cuando hayan pasado los siglos
se diga:

"No todos fueron Judas.
Los hubo Robin Hoodes
y Don Quijotes,
los hubo Baudelaires
y Esproncedas,
las hubo Antígonas,
las hubo Safos...
Los hubo Valle Inclanes
y Cañameros".

Que de toda nuestra obra
una parte se salve.

Que merezca la pena
el raciocinio.

Que el conocimiento no sea
una amenaza.

Tu oficio, poeta,
es dignificar la especie.
Escoger las palabras
que pondrías en tu lápida.
Decir, por ejemplo:
"No todos eran prescindibles".

Merecerte la vida
hasta tal punto,
que tu muerte parezca
una injusticia.

Y dejarte ir,
como si nada,
como todos,
(poetas o no)
hacia la larga
y aburrida
eternidad.

La Satine

Tu amor siempre fue
el niño amor.
El tierno amor adolescente
de *eres mi garza*
y mi Helena de Troya,
de cuánto te quiero
y sin ti no hay más luna…

Pero yo nunca fui Helena.
Yo nunca fui Helena y ni siquiera Penélope.
Yo nunca fui ese tipo de princesa
que espera sentada escuchando
odas a su hermosura.

Porque yo era más la Satine,
la Agripina. La Teodora de Bizancio
que administraba y quebraba imperios
con una palabra.

Porque yo era más la Salomé
y exigía cabezas y exigía sangre
y acción en los pactos.
Exigía muestras de cosas imposibles
y ahora me traes Saturno
y mañana te pediré Júpiter.

Todo fue divertido hasta que viste
que mi guerra jamás acabaría
porque yo era la guerra
y la guerra era yo.
Porque llevaba la polémica en las raíces
y jamás me bastó la mera existencia.

Y entonces venían los días torbellino
en los que ponía el mundo del revés

y escupía espumarajos y gritaba profecías
como Casandra en sus peores rachas.

Venían los días estándar en que lloraba
como una niña que apenas piensa en imágenes
y pataleaba como intentando apartar semejante carga,
la nada, el sinsentido que es todo
y la responsabilidad de andar con la cabeza erguida.

Además tú ya sabías
de mi estúpida manía de creerme la Gorgo en Esparta,
la Cleopatra en Egipto,
y la peor de las Erinias,

la novia en la boda
y el muerto en el entierro.

Y a mí siempre me ha gustado
ir a verte con los ojos de Medusa,
con los pelos de Medusa
y el lenguaje de Medusa
a ofrecerte rituales tentadores
de pecados y manzanas
donde sólo tu sabes paliar los días estándar,
los días torbellino,
la carga.

Donde sólo tú sabes hacerme creer
la diosa de la disputa,
la Juana más loca de todas
y la Medusa más Medusa
que jamás haya visto la historia.

Y en eso te doy la razón.
Porque yo nunca fui Helena.
Yo nunca fui Helena y ni siquiera Penélope.

8. Referencias bibliográficas

Alonso Fernández, Zoa (2024). Rap, poesía, feminismo y recepción clásica. En Luis Unceta Gómez y Cristina Salcedo González (Eds.), *Mítica Gata Cattana: Rap, poesía, feminismo y recepción clásica. Clasicismo e identidades contemporáneas* (pp. 51-78). Los libros de la Catarata.

Cattana, Gata (2012). *Los siete contra Tebas* [Álbum]. El Ventanal Records.

Cattana, Gata (2016). *La escala de Mohs*. Ascesis.

Cattana, Gata (2017). *Banzai* [Álbum]. Fundación Gata Cattana.

Cattana, Gata (2019). *La escala de Mohs*. Aguilar.

Cattana, Gata (2020). *No vine a ser carne*. Aguilar.

Cattana, Gata (2024). *Poesía completa*. Aguilar.

Cattana, Gata (s.f.). *Gata Cattana* [Página oficial]. http://www.gatacattana.org

Chaparro, Lourdes (2024). Nace el programa UCO-Gata Cattana para personas en grave riesgo de exclusión social. *El Día de Córdoba*. https://www.eldiadecordoba.es/cordoba/nace-programa-uco-gata-cattana_0_2002107552.html

García, Carmela (s.f.). ¿Quién era Gata Cattana? *Revista Lengua - Penguin Libros*. https://www.penguinlibros.com/es/revista-lengua/musica/quien-era-gata-cattana?srslt id=AfmBOooF1D7L44bPhk2IKVF4eQXUFBvuGSUu8LyJTSZK4J860HA4_DU3

Pinilla Alba, Susana (2022). El legado poético de Gata Cattana para el feminismo cultural. *Poéticas. Revista de Estudios Literarios*, *14*, 107-131.

Pinilla Alba, Susana (2022). La obra total de Gata Cattana. Composición y recepción del rap en la era transmedial. En Sheila Pastor Martín, José Antonio Paniagua García y Teresa Gómez Trueba (Eds.), *Movimientos exocanónicos de la literatura contemporánea* (pp. 123-136). Ediciones Universidad de Salamanca.

Qué queda de Gata Cattana, la cordobesa que revolucionó con sus protestas el rap (s.f.). *El Cierre Digital*. https://elcierredigital.com/cultura/que-queda-gata-cattana-cordobesa-reveluciono-protestas-rap

Sayalonga, Juanma y Sainz, David (Dirs.) (2022). *Eterna* (Documental). Different Entertaiment.

Vida y muerte de Gata Cattana, la rapera cuyo ejército sigue expandiendo su legado (2023). *El País*, 19 de febrero. http://elpais.com/cultura/2023-02-19/vida-y-muerte-de-gata-cattana-la-rapera-cuyo-ejercito-sigueexpandiendo-su-legado.html

Este libro se terminó de imprimir
en los talleres de Gráficas La Paz,
el día 19 de diciembre de 2025,
día en el que se conmemora
el nacimiento de Edith Piaf,
gran cantante y artista francesa.